GÉNÉALOGIE

DE LA MAISON

DE

ROCHEFORT - D'ALLY

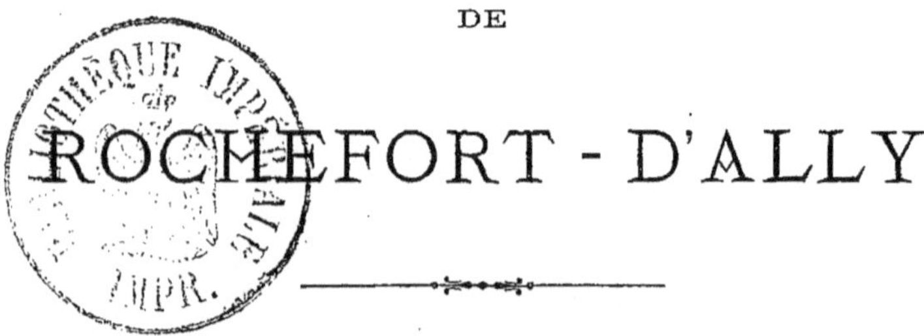

Cette maison, l'une des plus illustres du Royaume, tant par l'ancienneté de son origine, que par la grandeur de ses alliances, est connue en Auvergne dès le commencement du onzième siècle, qu'ANTOINE de Rochefort épousa *Marguerite*, héritière d'Ally, avec laquelle il fonda l'an 1001, comme le remarque Probet dans ses commentaires sur la coutume d'Auvergne, imprimée à Paris en 1695, le prieuré de Bonnat ou de Rochefort dans le diocèse de Saint-Flour. Leur postérité a joui sans interruption jusqu'à présent de la haute justice et des censives de ce lieu. Cet Antoine fut probablement père de *Bertrand* de Rochefort, chevalier, qui fut témoin et caution pour Hélie de Crest à un acte fait avec le monastère de Sauxillanges après le 2 des kalendes de novembre, la quatrième année du règne du roi Philippe. La convenance du temps fait juger que ce Bertrand fut père de *Hugue* de Rochefort, qui vivoit au commencement du siècle suivant, et qui fut témoin à la donation qu'un chevalier nommé *Balbinus* fit au monastère de Sauxillanges d'une dîme d'agneaux au lieu de Tyelles à Bolnac, le XI des kalendes de janvier de l'an 1114, ind. VIII, épact. XII.

Il pourroit être père ou aïeul d'AIMOIN, qui suit, et par lequel nous commencerons la généalogie de cette maison.

I. AIMOIN de Rochefort, donna l'an 1190, l'église d'Ayelle au monastère de Saint-Allyde : on ignore le temps de la mort et le nom de la femme. Il fut père de GUILLAUME, qui suit ; 2. de *Bertrand* de Rochefort, évêque du Puy, décédé le 5 des kalendes de mars de l'an 1253 ; et 3. de *Bernard* de Rochefort, élu en 1226 abbé de Saint-Julien de Brioude, après Guillaume de la Tour. Cette dignité, que posséda aussi François de Rochefort, fut supprimée par une bulle du pape Clément VI, du 13 juillet 1342.

II. GUILLAUME de Rochefort, seigneur d'Ally, Meyssac, Saint-Cirgue et Beaumont en partie, est connu par des actes de 1200 et 1230. Il épousa *Éléonore* de Fortanier, dame de Fortanier et de Veze, et il en eut : I. GUILLAUME de Rochefort, seigneur d'Ailly, qui suit ; 2. *Ithier*, doyen de Brioude en 1277, mort le 27 février 1278 ; 3. *Jean*, chanoine de Brioude, dont il fut élu prévôt le x des kalendes de mars de l'an 1281. Il fit un échange en 1285 ; 4. *Bernard* de Rochefort, chanoine et prévôt de Brioude après son frère, testa en 1301, en faveur de Bertrand d'Aurouze, et mourut le 4 des nones d'octobre : il fiit un legs de 25 liv. et un autre de 12 liv. pour son obit au chapitre de Brioude ; 5. AIMON de Rochefort, *qui a fait la branche des seigneurs* d'AUROUZE, *rapportée ci-après ; 6. Armand ; 7. Hugues,* moine à Conches, et 8. *Isabelle* de Rochefort, qui épousa Bertrand d'Allonches.

III. GUILLAUME de Rochefort II du nom, seigneur d'Ally, fit au mois d'août 1269 avec les prieurs et religieux de Sauxillanges, un échange dont l'acte est conservé aux Cordeliers de Brioude. Il épousa *Béatrix* de Montboissier, qui était veuve de lui en 1281 ; elle était fille de *Guillaume-Maurice* de Montboissier, seigneur de Saint-Ponit, et nièce de Maurice de Montboissier, doyen de l'église du Puy, qui dans son testament fait en 1270, dit qu'elle était mariée avec Guillaume de Rochefort, et la substitue à Pierre de Montboissier, son neveu, et à Jean de Baramont, son cousin : le nécrologe de Brioude marque sa mort au 16 des kalendes de mars après 1281, et dit qu'elle était veuve de Guillaume de Rochefort, chevalier : elle fut mère de : 1. ODILON de Rochefort, seigneur d'Ally, qui suit ; et 2. de *Guillaume* de Rochefort, chanoine de Brioude, que son frère substitua en 1283 à ses enfants. Guillaume donna en 1314 à l'église de Brioude 15 liv. pour un obit : il est mentionné dans une chartre donnée le lundi fête de la chaire de saint Pierre l'an 1333.

IV. ODILON de Rochefort, seigneur d'Ally, testa le vendredi après l'Assomption 1283. Il avait épousé une dame appelée *Marguerite*, à laquelle il donna la jouissance de la forteresse d'Ally, et la déclara tutrice de ses enfants tant qu'elle demeurerait en viduité. Ses enfants furent *Guillet* de Rochefort, mort en 1283, GUIGON de Rochefort, seigneur d'Ally, qui suit, et *Marguerite*.

V. GUIGON de Rochefort, seigneur d'Ally, était en 1316 seigneur des fiefs de Mayonnete et de la Roche, et il reçut le 25 juin 1331 l'aveu d'une partie des terres de Loubaresse et de la chapelle Laurent, que lui fit Bertrand de Roquere. Il fut père de

VI. ODILON de Rochefort, seigneur d'Ally, de Courcelorbes, etc., qui reçut le jeudi devant la sainte Croix 1349, l'aveu des terres de Loubaresse et de la Chapelle Laurent, mouvante du château de Nonette. Il eut pour enfants *Guillaume* de Rochefort, qui était mort en 1349, sans alliance; AMÉDÉE de Rochefort, seigneur d'Ally, qui suit, et *Jean* de Rochefort, mari d'*Élise* de Chaleyres, qui, étant veuve, fonda l'an 1384 une chapelle à la Chaise-Dieu.

VII. AMÉDÉE de Rochefort, seigneur d'Ally, de Massiac, d'Alleret et du Verdier, reçut le dimanche après la Saint-Barthélemy 1371, l'aveu de Loubaresse, de Pierre Ruol : il eut pour enfants GUIGON, qui suit, et *Marguerite* de Rochefort, religieuse, puis abbesse de Belmont, qui mourut vers l'an 1400.

VIII. GUIGON de Rochefort II du nom, seigneur d'Ally, reçut le 24 janvier 1402, un aveu de Guillaume Blain, seigneur de Gilbertez, et en 1425, un hommage du chapitre de Massiac : il épousa *Dauphine* de la Queille, dont il eut pour enfants HUGUES de Rochefort, qui suit; *Guillaume* de Rochefort, abbé de Saint-Austremoine d'Issoire en 1420 et 1422, où il fonda une messe quotidienne dans la chapelle de la sainte Vierge; et *Elisabeth*, mariée à N. de Dore.

IX. HUGUES de Rochefort, I du nom, chevalier, seigneur et baron d'Ally, Fortanier, et chevalier de l'ordre du roi, conseiller d'État et grand Chambellan du roi Charles VII, par lettres du 10 septembre 1453, confirmées depuis par le roi Louis XI, eut pour enfants HUGUES de Rochefort, qui suit; *Guigon* de Rochefort, trésorier de l'église de Saint-Flour et official de Brioude, qui était mort en 1496; et *Colauf* de Rochefort, enfermier du prieuré de la Voute, nommé dans un acte passé l'an 1496 avec les religieux de ce prieuré.

X. HUGUES de Rochefort, seigneur d'Ally, conseiller, chambellan de Louis XI, capitaine de 40 lances, reçut en 1490 un hommage de Louis de Tailhac, chevalier; il testa le 21 janvier 1499, et mourut le dernier février 1500. Il fut inhumé aux Cordeliers de Brioude, où son épitaphe a été mise sur la porte du chœur. Il avait épousé le 25 novembre 1458, *Isabeau* de Bohan, fille d'honneur de la reine, et fille d'*Antoine* de Bohan, seigneur de la Rochette en Auvergne, et de *Gabrielle* d'Urfé. Elle était sœur de Louis de Bohan, avec lequel elle partagea les biens paternels le 12 juin 1477 : elle ne vivait plus en 1490, comme il paraît per un jugement rendu le 15 février de cette année à l'Échiquier d'Alençon. De cette alliance vinrent : 1. Louis de Rochefort, seigneur d'Ally, qui suit; 2. *Hector* de Rochefort, né en 1467, chanoine de Paris, qui était évêque de Bayonne le 18 mai 1519. Louise de Savoie, mère de François Ier, l'envoya en ambassade auprès de la république de Venise; Jean, cardinal de Lorraine lui résigna l'évêché de Toul, dont il fut prendre possession le 12 août 1524. Il fut chancelier et chef du conseil d'Antoine duc de Lorraine, qui le chargea d'une négociation auprès de Charles V et ensuite d'une autre auprès de Clément VII. Il mourut à Nancy le 1er mars 1532, et gît à Toul dans la chapelle de sainte Ursule, qu'il avait fait construire; 3. *Antoine* de Rochefort, prévôt de brioude, tuteur des enfants de Louis, son frère; 4. GUILLAUME de Rochefort, *qui a continué la lignée rapportée après son frère aîné*; 5. *Sibylle* de Rochefort, qui était veuve en 1503 de *Jean* de Sebazat, seigneur de Blausac; 6. *Marie*, alliée l'an 1485 à *Robert* de Chaslus, dont elle était veuve en 1503; 7. *Anne*, femme de *Philibert* de Saint-Quentien, seigneur de Beaufort; 8. *Dauphine*, mariée avec *Antoine* de Saint-Ahon, chevalier; 9. *Marguerite*, qui épousa *Jean* de Veras; 10. *Isabelle*, mariée avec *Pierre* de Rochefort; et 11. *Pentasilée* de Rochefort, femme de *Gaspard* de Montjazion.

XI. Louis de Rochefort, chevalier, seigneur d'Ally, Fortanier, plaidait en 1490, à l'Échiquier d'Alençon, comme héritier d'Isabeau de Bohan, sa mère, et en partie de feu Roger, seigneur de Haguenouville, contre Louis de Boissey, seigneur de Boissey et baron de Mainières. Il mourut à Blois vers l'an 1510, ayant été marié deux fois : 1° avec *Jeanne* de Belvezère, dite d'Achiac, qui décéda en 1501, et pour laquelle son mari fonda le 26 juillet 1501, une messe par semaine dans l'église d'Ally; 2° avec *Jeanne* Blanc, dite de Montagut, fille de noble *Raimond* Blanc, seigneur de Montagut en Rouergue, et de noble dame *Philippe* Tainturier. Du premier lit sortirent *Louis* et *Anne* de Rochefort, qui furent sous la tutelle de leur oncle paternel Antoine de Rochefort, prieur de la Voute. Du second lit naquirent *Cuillaume*, *Catherine*, *Agnès* et *Marguerite* de Rochefort, qui moururent jeunes aussi bien que les enfants du premier lit.

XI. GUILLAUME de Rochefort, quatrième fils de HUGUES de Rochefort, II. du nom, fut d'abord chanoine de Brionde, et après la mort des ses neveux il devint seigneur d'Ally, de Fortanier, de Courcelorbe, de la Rochette et de Durat. Il fut aussi seigneur de Pierrepont en Normandie, chevalier de l'ordre du roi, lieutenant d'une compagnie de 100 hommes d'armes sous le duc de Lorraine. Il était mestre du camp du roi François Ier lorsqu'il mourut au siége de Naples le 31 août 1528. Son corps fut inhumé aux Observantins de Naples, et son cœur aux Cordeliers de Brionde : il avait épousé le 13 mai 1517 *Jeanne* de Montmorin, veuve d'*Antoine* de Leotoing, seigneur de Mongon : ella vivait encore le 14 juillet 1539. Leurs enfants furent : I. PIERRE de Rochefort, qui suit; 2. *Marie* de Rochefort, qui épousa *Jules* de Bar, seigneur de la Chassagne et de Thiésal; 3. *Louise* de Rochefort, mariée le 16 janvier 1541 à *Claude* de Flageac au diocèse de Saint-Flour; 4. *Sibylle*; et 5. *Marguerite* de Rochefort.

XII. PIERRE de Rochefort, seigneur d'Ally, de Jozeran, d'Orcet, d'Ancize, de Fortanier et de la Rochette, né en 1520, fut capitaine de 50 lances, et l'un des cent gentilshommes de la maison du roi. Il transigea le 20 mai 1558 avec Jean de la Queille, seigneur de Fleurat, et mourut avant le 7 juillet 1577. Il avait épousé à Riom, le 21 octobre 1545, Gilberte de la Queille, fille de *Jean*, seigneur de Fleurat, de Chateaugué, de Jozeran, de Beaune et de Margerides, et d'*Isabeau* de Bourbon-Busset : elle testa le 16 mars 1582, et eut pour enfants : I. CLAUDE de Rochefort, baron d'Ally, qui suit; 2. *Aimar* de Rochefort, chevalier de Malte et puis baron d'Orcet, vivant en 1604, et marié avec *Gabrielle* de la Barge, veuve de *Baltazar* de Rivoire, seigneur de la Pâtie et du Palais, fille de *François*, seigneur de la Barge, et de *Gabrielle* des Essarts; 3. *Anne* de Rochefort, vivante en 1604, mariée : 1° le 11 décembre 1584, avec *Joseph* de Saint-Julien, seigneur de Saint-Marc, des Escuretes, baron de la Borne; 2° en juin 1593, avec *Jacques*, seigneur de Ligondés en Combrailles et de Chateaubodan; et 4. *Isabeau* de Rochefort, qui épousa : 1° le 7 juillet 1577. *Antoine* de la Roche-Aimon, baron de Chin; 2° avant 1594, *Raphael* de Gaillac, seigneur dudit lieu.

XIII. CLAUDE de Rochefort, baron d'Ally, de Jozeran, de Londines, d'Orcet, d'Ancize, de Fortanier et de la Rochette, gentilhomme de la chambre du duc d'Alençon, capitaine de 50 hommes d'armes, fut assassiné en 1604, ayant épousé, le premier août 1582, *Claire* de la Tour, fille d'*Antoine* de la Tour, seigneur et baron de Saint-Vidal et de Senaret, l'un des sept barons de tour de Gévaudan aux états de Languedoc, comte de Montferrand, vicomne de Beaufort, chevalier de l'ordre du roi, capitaine de 50 hommes d'armes, et gouverneur des païs de Gévaudan et de Velay, et de *Claire* de Saint-Point, remariée à *Marcelin*, seigneur de Hautvillard, et fille de *Guillaume*, seigneur de Saint-Point au diocèse de Mâcon, gouverneur de Mâcon, et d'*Antoinette* de la Forest. Claire de Saint-Point mourut en 1636, et ût une substitution en faveur des enfants mâles de Claire de la Tour-Saint Vidal, sa fille. Antoine de la Tour-Saint-Vidal, par son testament de l'an 1589, avait nommé son héritière Claire de Saint-Point, sa

femme. Claude de Rochefort, baron d'Ally, eut de son alliance
avec Claire de la Tour-Saint-Vidal : 1. *Jean-Antoine* de Rochefort, né le 22 avril 1589, nommé en 1595 à la substitution
de la maison de la Tour-Saint Vidal, mort en 1625, sans
alliance; 2. AIMAR de Rochefort, baron de Jozeran, qui suit;
3. *Pierre-Antoine* de Rochefort, *qui a fait la branche des barons de* SAINT-VIDAL, *rapportée après celle de son frère aîné;*
4. CLAUDE de Rochefort, *tige de la branche de comtes de* SAINT-
POINT, *barons de Senaret, rapportée ci-après;* 5. *Claire* de
Rochefort, née le 10 novembre 1598, mariée : 1° avec le seigneur de Vergesat; 2° avant 1645, avec *Baltazar* de Chavagnac, seigneur de Chavagnac; 6. *Marie* de Rochefort, alliée
à *Jacques* de Severac.

XIV. AIMAR de la Tour de Rochefort d'Ally, baron de Saint-
Vidal, seigneur d'Ally, Jozeran, Fortanier, vicomte de Beaufort, baptisé le 10 février 1592, épousa le 11 septembre 1625,
Jeanne Toinaud, fille de *René* Toinaud, seigneur de Saint-
Denys et de la Brunetière, et en eut : 1. *Marc-Antoine* de Rochefort, baptisé le 26 mars 1636, mort étant mestre de camp
de cavalerie; 2. *Guillaume* de Rochefort, premier capitaine
du régiment de Mercœur (infanterie); 3. JEAN de Rochefort,
seigneur de Jozeran, qui suit; et 4. *Claude-Antoine*, dit *le
comte d'Ally de Roochefort*, mort en mai 1697. Il avait épousé
Marie Machaud, veuve de *Jacques* Berger, baron de Sales,
et fille de *Jean* de Machaud, seigneur de Saint-Suplex et de
Montmor en Brie, et de Michelle de Noüel.

XV. JEAN de Rochefort-d'Ally, chevalier, comte de Jozeran,
seigneur de la Valette, baptisé le 3 mars 1637, partagea le 11
décembre 1666, avec Claude-Antoine de Rochefort, son frère,
et Hugues-Joseph de Rochefort, son cousin. Il épousa le 16
février 1656, *Marie* de Salonier, dame de la Vallée, fille de
François, seigneur de Pouilly et de la Vallée, et il en eut :
1. PIERRE de Rochefort, seigneur de Jozeran, qui suit; 2. *Bernard* de Rochefort, tué au pillage de Carthagène prise par
M. de Pointis en 1697; 3. *Marie-Claude*, baptisée le 24 janvier 1661; 4. *Marguerite-Claude*, baptisée le 25 août 1662;
5. et 6. deux autres filles.

XVI. PIERRE de Rochefort-d'Ally, chevalier, seigneur de
Jozeran, capitaine au régiment de Navarre, mort dans son
château de Jozeran en Auvergne en 1725; avait épousé *Marie*
de Chauvigny, fille de *Claude*, seigneur de Blot, et de *Claude-
Marie* de la Roche-Aimon, et sœur de Pierre-François de
Chauvigny, chanoine et comte de Lyon, et abbé de Celle-
froin. Il en eut JEAN-JACQUES de Rochefort-d'Ally, qui suit;
et *Anne-Nicole* de Rochefort, née en 1703.

XVII. JEAN-JACQUES de Rochefort-d'Ally, chevalier, baron,
de Saint-Vidal, seigneur et comte de Jozeran, né le 17 décembre 1700, épousa le 23 janvier 1723, *Jeanne-Françoise*

de Fradet, fille de *Joseph* de Fradet, seigneur de Bellecombe en Auvergne. Leurs enfants furent : I. JACQUES de Rochefort, qui suit; 2. *Pierre* de Rochefort, né le 12 octobre 1724, chanoine du chapitre d'Ainay à Lyon, et prieur de St-Pierre de Baslan, diocèse de Gap: 3. *Jacques*, né le 16 août 1738; et 4. *Marie*, née le 30 décembre 1736.

XVIII. JACQUES de Rochefort-d'Ally, lieutenant dans le régiment Royal-Dragons, né le 9 novembre 1723, a épousé le 22 février 1747, en la paroisse de St-Nicolas-des-Champs à Paris, en présence de ses père et mère, *Claire-Françoise* de Grassi, née en 1718, fille de *François* de Grassi, seigneur de la Caille, de la Cluzel et de la Forestière en Dauphiné, président au grand conseil, où il avait été reçu en 1722, mort en août 1743, et de *Marguerite-Marie-Anne* Coquelard, fille de *Jacques* Coquelard, seigneur de Prefosse, capitaine au régiment de Navarre et mestre de camp d'infanterie, commandant à Usez et dans l'Usege, mort à Sommiers le... 1737, et d'*Anne* de Bournel de Monchy.

BRANCHE DES BARONS DE SAINT-VIDAL.

XIV. PIERRE-ANTOINE de Rochefort d'Ally, troisième fils de CLAUDE de Rochefort, baron d'Ally, et de *Claire* de la Tour-Saint-Vidal, naquit le 26 juillet 1600, eut pour son partage la baronnie de Saint-Vidal, dont il prit le nom et les armes. Il fut gentilhomme ordinaire de la chambre du roi, et mourut en 1659. Il avait épousé : 1° le 16 septembre 1628, *Marguerite* de Chateauneuf, fille de *Hugues* comte d'Yoing, baron de Rochebonne au diocèse de Viviers, et de *Françoise* des Serpens ; 2° le 4 novembre 1645, *Marguerite* de Ginestoux, née en 1607, et morte en 1706, âgée de 99 ans. Elle était fiîlle de *Guillaume* Thier de Ginestoux, seigneur de la Bastide, et de *Marie* de Presle de Vauseche, dame de la Tourette. Elle était veuve de *Gabrielle* de Bertrand, seigneur de la Prade, le Pradel, le Thioland et de Pomperan, qui lui donna toutes ses terres. Il y a apparence que Pomperan est la seigneurerie et le château qui appartenoit à Pomperan, qui suivit le connétable de Bourbon lorsque celui-ci passa au service de Charles V. Du Bellay rapporte que le conétable de Bourbon en s'enfuyant au mois de septembre 1523, coucha au château de Pomperan ; et sa situation, suivant ce qu'on peut tirer de Du Bellay convient avec le château de Pomperan, dont il est ici question. Si ceux qui sont en état d'éclaircir ce fait historique vouloient bien le faire, les curieux leur en seroient bien obligés. Pierre-Antoine de Rochefort eut de sa première femme : I. HUGUES-JOSEPH de la Tour, comte de Saint-Vidal, qui suit ; 2. *Claire*, religieuse au prieuré de la Vaudieu, près Brioude ; 3. *Marie*, religieuse à Brioude ; 4. *Isabelle*, religieuse à Notre-Dame du Puy ; 5. *Françoise*, mariée en 1656 avec *Laurent* de la Veuhe, seigneur de Chervière, en Lyonnois, baron de Curi, dont naquit *N.* de la Veuhe de Rochefort, mariée à *François* Andraut de Langeron, marquis de Maulevrier, père du maréchal de Maulevrier. De la seconde femme de Pierre-Antoine de Rochefort, naquit CLAUDE Vidal|de Rochefort, *qui a fait la branche des barons de* PRADE, *rapportée après celle de son frère aîné.*

XV. HUGUES-JOSEPH de la Tour, comte de Saint-Vidal, vicomte de Beaufort, seigneur de la Rochette, fut maintenu dans sa noblesse par M. de Bezons, intendant en Languedoc, le 20 janvier 1670. Il avait épousé le 27 févtier 1656, *Jeanne-Simone* d'Apchon, fille de *Guillaume*, seigneur de Tourno-elles et d'Abret, et d'*Alix* d'Enteroche, et il en eut : I. PIERRRE-ANTOINE de la Tour, marquis de Saint-Vidal, qui suit; 2. *Jean-Antoine*, chanoine de Brioude en 1713 ; 3. *Philiberte*, dite de la Tour, mariée avec *Gaspard* d'Estaimg, comte de Saillans; 4. *Marguerite*, qui épousa Gaspard de Dienne, marquis de Chavagnac; 5. *Charlotte*, mariée avec *Jean* d'Aurille, marquis de Colombine et mère de *Jeanne-Henriette* d'Aureille, qui épousa *Joseph* de Montagut, comte de Bouzols, au diocèse du Puy, père de *Joachim-Louis*, marquis de Bouzols, marié en mars 1732 à *Laure* Fitz-James, fille du maréchal duc de Berwick.

XVI. PIERRE-ANTOINE de la Tour, marquis de Saint-Vidal, baron d'Ally, seigneur de la Rochette, mort en 1716, avoit épousé, le 21 octobre 1690, *Jacqueline* de Pujol, fille de *Jean* de Pujol, vicomte de Beaufort, seigneur de Saint-Martin, et de *Marguerite* de Ravissac, dont il eut :

XVII. GUILLAUME de la Tour-Saint Vidal, né et baptisé à Ally, diocèse de Saint-Flour, le 9 décembre 1691, reçu page dans la grande écurie le 3 janvier 1708, et marié en 1716, à *Marie-Susane* de la Volpilière : il est mort le 2 juin 1742, sans ènfants, ayant institué pour son héritier M. de Chavagnac, son cousin, à qui est passée de cette manière la terre et seigneurie de Rochefort d'Ally.

BRANCHE DES SEIGNEURS DE PRADES.

XV. CLAUDE Vidal de Rochefort d'Ally, fils unique de PIERRE-ANTOINE de Rochefort, baron de Saint-Vidal, et de *Marguerite* de Ginestoux, sa seconde femme, naquit en 1649, eut du chef de sa mère la seigneurie de Prades, paroisse de Sainte-Marie de Chazes, diocèse de Saint-Flour. le Pradel, le Tiolan, Pomperan et Angezac. Il mourut au château de Tiolan, en Auvergne, en juin 1708, et avoit épousé, le 12 mars 1674, *Marie* Dom-Julien, fille de *Louis* Dom-Julien de la Baume, seigneur de la Baume, de Rochevive, de Thezon et de Vinasat en bas Vivarais, et de *Marie* de Charbonel de Chauzon, aussi en bas Vivarais, qui mourut en 1713, et dont sont nés PIERRE de la Tour de Rochefort, qui suit; et *Marie-Marguerite*, morte en 1717, sans alliance.

XVI. PIERRE de la Tour de Rochefort, seigneur de Prades, le Pradel, le Thiolan et Pomperan, a épousé le 25 octobre 1707, *Thérèse* de Vogué, morte en 1715, fille de *Melchior*, marquis de Vogué, comte de Montlaur, seigneur de Roche-Colombe, Saint-Maurice, etc., grand bailli du Vivarais, et de *Gabrielle* Mottier, dame de Champetiers, dont il eut pour enfants : 1º PIERRE-JOSEPH de la Tour de Rochefort, qui suit; 2º *François* de Rochefort, capitaine dans le régiment de la Couronne, mort sans postérité; 3º *Henri-Louis* de Rochefort d'Ally, chanoine de Brioude et de Saint-Claude. évêque et comte de Châlon-sur-Saône, de 1753 à 1776; 4º *Claude-Joseph* de Rochefort, mort sans postérité; 5º *Charles* de Rochefort, dit le chevalier d'Ally, maréchal de camp, mort sans postérité.

XVII. PIERRE-JOSEPH de la Tour de Rochefort-d'Ally, baron de la Tour-Saint Vidal, comte de Saint-Point, seigneur de Prades, le Pradel, Pomperan, le Tiolan, marié à Irène de Cantoynet de la Vessière. De ce mariage : 1º *N.* de la Tour de Rochefort-d'Ally, mariée au comte de Beauclair à Aurillac, morte sans postérité; 2º *Marie-Marguerite-Henriette* de la Tour de Rochefort-d'Ally, mariée le 3 septembre 1767, à *Jean-Joseph* de Châteauneuf-Randon, marquis d'Apchier, héritier en partie de la maison de Bouillon, prince et comte de la Tour-d'Auvergne, baron de Thoras, la Garde, la Margeride et Mousuc, seigneur de la Clause, la Pause, Capel, Saint-Exupéry, Besques et Charraix. De ce mariage : 1º *Charles*, mort à Magdebourg, sans postérité ; 2º Irène, qui suit ; 3º *Augusta*, marié à M. Ducros, de Brassac.

XVIII. Irène de Châteauneuf-Randon d'Apchier et de la Tour-d'Auvergne, mariée à *René-Denis* le Maugin, ordonnateur en chef de la 27ᵉ division militaire, mort à Turin, en 1812, De ce mariage, *Ferdinand-Frédéric* et Laure qui suit.

XIX. Laure de Maugin d'Apchier, mariée à *Jacques-Maurice* maquis de Veyrac. De ce mariage : 1º *Oscar* ; 2º *Stéphanie* ; 3º *Auguste* ; 4º *Noémi* ; 5º *Armand*.

BRANCHE DES COMTES DE SAINT-POINT.

XIV. CLAUDE de Rochefort d'Ally, quatrième fils de CLAUDE de Rochefort, baron d'Ally, et de *Claire* de la Tour, dame de Senaret, baptisé le 22 novembre 1604, fut, après la mort de son frère aîné et par les substitutions de sa maison, comte de Saint-Point et de Montferrand, et baron de Senaret, au diocèse de Mende, ce qui lui donna entrée aux États de Languedoc; il fut aussi seigneur de Saint-Chely de Taru, de Poignadorre et de Laval, chevalier de l'ordre du Roi, lieutenant-colonel du régiment du roi et de celui de Conti, et gouverneur de Saint-Jean-de-Losne. Il testa le 22 mars 1660, et mourut le 27 juillet 1668. Il avait épousé le 13 avril 1633, *Anne* de Lucinge, fille de *René* de Lucinge, vicomte de Lomnes et des Alimes, seigneur de la Motte, de Luisandres et d'Ambert, et d'*Honorade* de Galle-la-Buisse, et il en eut.: I. *Henri* de Rochefort; 2. JEAN-BAPTISTE de Rochefort, comte de Saint-Point, qui suit; 3. *Jean–Sylvestre* de Rochefort, ecclésiastique, baptisé le 4 octobre 1647, maintenu dans sa noblesse avec son frère aîné par M. de Bezons, le 10 janvier 1670; 4. *Pierre*; 5. *Jean-Antoine-Claude* de Rochefort d'Ally, baptisé le 5 mai 1655, reçu chanoine de l'église Saint-Pierre de Mâcon, le 23 juin 1672, il était abbé de Saint-Martin de Saumont et prieur de Notre-Dame de Laval, en 1691; 6. *Marie-Françoise* de Rochefort, mariée en 1690 avec *Pierre* de Laurancin, comte de la Bussière; 7. *Marie-Victoire*, née en 1660, mariée à *N.* de la Garde marquis de Chanbonnas, seigneur de Saint-Thomé; 8. et 9. deux religieuses à la Visitation à Mâcon; et neuf autres enfants.

XV. JEAN-BAPTISTE de Rochefort d'Ally, comte de Saint-Point et Montferrand, baron de Senaret, seigneur de Saint-Chely, Poignadorre et de Laval, écuyer d'écurie du roi, aide de camp du vicomte de Turenne, testa le 13 juin 1672. Il avait épousé le 12 novembre 1664, *Marie-Catherine* Bruslart, fille de *Louis* marquis de Sillery, vicomte de Puisieux, et de *Marie-Catherine* de la Rochefoucaud, dont il eut : I. JEAN-AMÉDÉE de Rochefort, comte de Saint-Point, qui suit; 2. *Gaston*; 3. *Emanuele-Benedite* de Rochefort, religieuse de la Visitation à Saint-Amour, en Franche-Comté; et 4. *Charlotte-Félicité* de Rochefort, née le 21 décembre 1677, mariée à *Claude-François* Ferrier, marquis de Monciel.

XVI. JEAN-AMÉDÉE de Rochefort d'Ally, comte de Saint-Point et de Montferrand, baron de Senaret, naquit en 1666, servit sur mer, et se trouva au bombardement d'Alger; il mourut le 25 décembre 1734. Il avoit épousé : 1º le 24 juillet 1690, *Marie* Charrié, fille d'*Eustache*, baron de la Roche-Jullie et de Juillenas, et de *Catherine* Badol de Rochetaillé; 2º *Catherine* d'André. Il eut du premier lit : 1. CLAUDE-GABRIEL-AMÉDÉE de Rochefort, comte de Saint-Point, qui suit; 2. *Louis-Victor-Auguste* de Rochefort, vicomte de Saint-Point, né le 19 octobre 1694, capitaine de cavalerie au régiment de la Rochefoucaud, mort à Montferrand au diocèse de Mende, en 1725. Il avoit épousé *Isabeau* de Peiremale, morte vers 1733, fille de *N.* de Peiremale et de *N.* Buade : *N.* Buade, descendoit d'un Buade, seigneur de Cavairac, sous le règne de saint Louis. Elle fut mère de *Jeanne* de Rochefort, qui épousa *N.* Marguerit, seigneur de Saint-Michel au diocèse de Toulouse; 3. *Claude-Vital-Gaston*, abbé de Saint-Basle au diocèse de Reims, en 1616, né le 17 juin 1696; 4. *Claude-Godefroi* de Rochefort, enseigne de vaisseau, né le 3 janvier 1697, mort à la Rochelle en 1714; 5. *Joseph-Gabriel* de Rochefort d'Ally, dit *le chevalier de Saint-Point*, né le 27 juin 1699, mestre de camp de cavalerie le 1er novembre 1774, enseigne des gardes du corps en mars 1748; 6. *Guillaume-Aimé* de Rochefort, prieur d'Houpellines; 7. *N...* et 8. *Marie-Catherine*, mortes jeunes; 9. *Marie-Jaquette*, née le 7 décembre 1697, morte en 1730; 10. *Péronille*, morte en nourrice; 11. *Emanuele-Christine*, née le 2 janvier 1702, religieuse à Saint-Amour; 12. *Jeanne-Marie-Elisabeth-Césarine*, née le 10 octobre 1705, mariée à *Louis-François* de Framont, vicomte de Greses au diocèse de Mende; 13. *Anne-Sophie*, née le 20 juillet 1709; 14. *Catherine-Françoise-Arthemise*, née le 12 mars 1710; et 15. *Jean-Amédée-Honoré* de Rochefort-d'Ally, né le 26 juillet 1728, du second mariage.

XVII. CLAUDE-GABRIEL-AMÉDÉE de Rochefort d'Ally, comte de Saint-Point et de Montferrand, baron de Senaret, seigneur de Saint-Chely et de Laval, naquit au château de Saint-Point, le 8 mai 1691. Il fut capitaine de cavalerie au régiment de la Rochefoucaud, et épousa en 1724 *Anne-Félicité* Alleman, fille de *Pierre* Alleman, comte de Montmartin, lieutenant pour le roi au gouvernement de Dauphiné, et de *Catherine-Fraçoise* Bruslart de Sileri, dont il a eu : 1. *Claude-Charles* de Rochefort, né en août 1734; 2. *Anne-Claudine*, née en octobre 1725; 3. *Jeanne-Marie-Félicité*, morte le 10 avril 2742; 4. *Joachine-Emanuele-Perpétue*, née en 1728; 5. *Cathrine-Victoire*, née en 1730; et 6. *Louise-Catherine*, morte jeune.

BRANCHE DES SEIGNEURS D'AUROUZE.

III. AImoin de Rochefort, II, du nom, ainsi nommé du nom de son aïeul, était fils puîné de GuilLAUME de Rochefort, seigneur d'Ally, et d'*Eléonore* de Fortanier ; il eut en partage Massiac et Aurouze, et étoit mort en 1286. Il avoit épousé *N.* de Montagu, dont il eut BERTRAND, qui suit.

IV. BERTRAND de Rochefort, seigneur d'Aurouze, de Massiac, Faydal, Porthac et de Clergiallès-Brioude, est dit neveu de P... seigneur de Montagu. Il rendit aveu en 1303 à l'évêque de Clermont pour le château de Meyssac, et dans cet acte il est qualifié chevalier, seigneur de Sailhans, terre qui lui avoit été apportée en mariage par *Luque* de Vernops, sa femme : il fit un testament par lequel il institua héritier universel son fils aîné, et au cas qu'il vînt à décéder sans enfants mâles, lui substitua ses autres fils l'un après l'autre par ordre de naissance, et au dernier mourant sans enfants mâles, la fille aînée de son fils aîné. Ses enfants furent : I. BETRRAND de Rochefort, seigneur d'Anrouze, qui suit ; 2. BERNARD, *qui suit après son frère aîné* ; 3. *Poncet* de Rochefort, fait évêque de Saint-Flour le 7 août 1363, suivant l'auteur du *Gallia Christiana*, et qui, ayant survécu à son neveu Geraud de Rochefort, recueillit la substitution de sa maison ; 4. *Rousset* de Rochefort ; 5. *Geraud* de Rochefort, seigneur de Meyssac, qui suivant les mémoires de M. Audigier est père de *Marie* de Rochefort, dame de Meyssac, mariée à *Antoine* d'Espinchal, chevalier.

V. BERTRAND de Rochefort II, du nom, chevalier, seigneur d'Aurouze et de Massiac, receuillit tous les biens de sa maison suivant le testament de son père. Il rendit en 1331 aveu à l'évêque de Clermont pour le château de la châtellenie de Meyssac, et en 1332 pour tous ses châteaux en général, et dans ce dernier aveu il prend la qualité de seigneur de Preichonet. Il épousa la même année *Isabeau* de Polignac, fille de *Guillaume* de Polignac, seigneur de Randon, et de *Béatrix* de Baux, fille de *Raimond* prince d'Orange. Isabeau se remaria en 1338. avec *Ponce*, seigneur de Langheac, et eut de son premier mari une fille unique nommée *Fransoise* de Rochefort, dite d'*Aurouze*, mariée à *Robert* Dauphin III du nom, seigneur de Combronde et de Saint-Ilpise, qui, étant entré dans le parti de quelques factieux, fut arrêté prisonnier et conduit à Nismes, où il mourut pendant qu'on instruisoit son procès, vers l'an 1365. Ses biens furent confisqués, mais sa veuve en obtint du roi Jean la restitution ; cette dame, ayant survécu à ses oncles, morts sans postérité masculine, devoit recueillir la substitution des biens de sa maison, qu'elle fut obligée de partager avec les enfants de Dauphine de Rochefort, sa cousine, par transaction du 22 novembre 1398.

V. BERNARD de Rochefort, second fils de BERTRAND I. du nom, seigneur d'Aurouze, fut destiné à l'église, et fut chanoine de Saint-Julien de Brioude ; se voyant par la mort de son frère aîné arrivée sans enfants mâles, héritier de tous les biens de sa maison en vertu du testament de son aïeul, il quitta l'état ecclésiastique et se maria. On ignore le nom de sa femme, de laquelle il eut GERAUD de Rochefort, qui suit ; et *Dauphine* de Rochefort, mariée à *Robert*, seigneur de Breuil.

VI. GERAUD de Rochefort, chevalier, seigneur d'Aurouze, de Sailhans, de Meyssac, etc., donna, l'an 1380, à l'église de Brioude, 140 livres tournois pour un obit, et à la chapelle Saint-Jacques-Vicairie, quatre setiers de seigle. Il mourut quelques années après sans enfants de sa femme *Catherine* d'Apchon. Les armes de cette maison sont *de gueules à la bande ondée d'argent, accompagnées de six merlettes de même posées en orle.* Supports, *deux anges en soutane bleue de diacre.*